RÉFLEXIONS

LE MÉMOIRE A CONSULTER

DE M. LE COMTE DE MONTLOSIER.

IMPRIMERIE DE DÉTHUNE, RUE PALATINE, N.º 5.

RÉFLEXIONS

LE MÉMOIRE A CONSULTER

DE M. LE COMTE DE MONTLOSIER,

,PAR M. LE VICOMTE DE BONALD,

PAIR DE FRANCE.

PARIS,

BEAUCÉ-RUSAND, RUE PALATINE, N.° 5, PRÈS ST.-SULPICE.

1826.

RÉFLEXIONS

LE MÉMOIRE A CONSULTER

DE M. LE COMTE DE MONTLOSIER.

***

Je n'ai connu que long-temps après sa publication le dernier écrit de M. de Montlosier, production que je ne sais comment qualifier, et qui ressemble bien plus à un *acte d'accusation* qu'à un *mémoire à consulter.*

J'ai plus qu'un autre le droit de relever les erreurs que contient cet écrit, et d'en combattre les chimères ; puisque l'auteur, après avoir déclamé avec tant d'amertume contre de prétendues conspirations qu'il représente comme flagrantes, m'a choisi sur les 48 mille personnes dont on lui a fait croire que la fameuse Congrégation était composée, pour me désigner, je crois, une fois , et me nommer une autre avec MM. de Marcellus et de la Mennais, et quoique avec quelques ménagements, nous a présentés au public par cette seule désignation comme des principaux agents ou complices de cette conspiration.

Que M. de Montlosier eût discuté mes opinions politiques ou religieuses, qu'il les eût combattues et victorieusement réfutées, rien de plus légitime, rien peut-être de plus utile ; la gravité du raisonnement et le petit nombre de lecteurs qui le suivent et le comprennent, ôtent tout danger à la discussion : c'est alors l'écrit qu'on met en cause, et non l'écrivain ; mais lorsqu'il s'agit de conspirations qui ne sont pas de simples théories , mais des intentions criminelles mises en action , c'est la personne même que l'on attaque, que l'on désigne à l'animadversion publique , et selon les temps , à la haine du premier zélateur qui se croira tout permis pour délivrer son pays d'un ennemi public ; et si sa vieillesse, dont parle M. de Montlosier, lui commandait plus de prudence et de modération , mon âge, peu éloigné du sien , lui commandait aussi plus d'égards. Je ne suis cependant pas trop étonné de cette agression gratuite : qui pourrait aujourd'hui en fait d'injustice et de violence s'étonner de quelque chose ; et quel est le particulier qui oserait s'en plaindre , lorsque tout ce qu'il y a de plus respectable dans la société est livré chaque jour dans les feuilles publiques à la dérision et à l'insulte ? (1)

Si M. de Montlosier éprouve, comme il le dit lui-même, de l'embarras à dénoncer *une conspiration toute nouvelle, ourdie par des hommes saints au milieu des choses saintes*, une conspiration *où il a à accuser la vertu de crime, à montrer la piété nous menant à l'irréligion, et la fidélité nous conduisant à la révolte*, sans que cette étrange anomalie lui ait inspiré quelque défiance de lui-même, je ne trouve pas, je l'avoue, moins de difficulté à le combattre, à saisir quelque point d'attaque dans cette foule de raisonnements hazardés, de fausses conséquences, d'inductions téméraires, de vagues inculpations, de *contes*, comme il le dit lui-même, où il a cherché quelques *réalités*, de rumeurs populaires, où il a cherché quelques vérités. Ce que je combats, et que je

---

(1) On pourrait demander où est cet amour sincère de la liberté de la presse dont on se vante tant, lorsque l'on voit ceux qui en usent, continuellement en butte dans les journaux, aux attaques de ceux qui en abusent ? C'est encore là de cette hypocrisie politique qui est le caractère de notre temps, et bien autrement répandue que l'hypocrisie religieuse, presque inconnue dans un siècle irréligieux.

(Note de l'éditeur.)

ne saurais définir, n'a pas de corps, et ressemble aux guerriers d'Ossian qui sont dans les nuages, et nuages eux-mêmes ; et certes si l'auteur, comme il l'annonce, a adressé son *Mémoire à consulter* à des jurisconsultes, je ne suis pas surpris qu'ils n'y aient pas pu donner leur avis.

Au reste, si l'auteur a voulu faire du bruit, il doit être satisfait, et rien à mes yeux ne peut donner une plus juste idée de l'affaiblissement des esprits et des saines doctrines que ce déplorable succès. Il a même passé ses espérances ; et je ne doute pas qu'il n'ait été sérieusement *attristé*, comme il le dit lui-même, et semble le prévoir, du parti qu'on a tiré de son écrit. Les journaux nous ont appris qu'on en avait extrait la quintessence dans un petit écrit en forme d'almanach, que l'on donne pour quelques sols ; et comme on en a certainement écarté avec soin tous les correctifs que l'auteur a cru devoir mettre à ses accusations et à ses inculpations ; ces mêmes accusations présentées toutes nues sous ce format et à ce prix, doivent faire un des écrits les plus irréligieux qui aient paru, et tel qu'il est affreux pour un homme de bien d'avoir été l'occasion même involontaire d'un si grand scandale. Du reste, jamais l'esprit de parti ne s'est montré plus à découvert que dans les éloges qu'il a donnés à cet ouvrage. Il y a des assertions et des opinions

que jamais dans tout autre écrit le parti libé-
rale n'eût pardonnées à qui que ce soit; mais
quelles fautes ne sont pas rachetées par la haine
de la Congrégation et des Jésuites?

Je n'ai garde de suivre l'auteur page par page
dans son *Mémoire à consulter*, je ferais un écrit
bien plus long que le sien ; et le moyen d'ailleurs
de suivre un homme qui, dans sa marche vaga-
bonde, se jette perpétuellement à droite et à gau-
che, revient sur ses pas, brouille et confond toutes
ses voies et ne remplit jamais en entier le titre
qu'il donne à ses paragraphes?

Le seul fil qui puisse guider dans ce laby-
rinthe est la division que l'auteur lui-même a
suivie, ou plutôt indiquée dans ses quatre conspirations : 1.° de la Congrégation , 2.° des Jésuites, 3.° de l'ultramontanisme, 4.° des Prêtres ;
tout cela cependant tellement mêlé et confondu
qu'au titre de *la Congrégation* il parle des Jésuites et de l'ultramontanisme; au titre *des Jésuites* , de l'ultramontanisme et de la Congrégation ;
au titre *des Prêtres*, de tout le reste; l'incohé-
rence vague des idées a passé dans sa composition , et ce n'est réellement que du désordre par
chapitres.

§. I. *De la Congrégation.*

Lorsque la chrétienté toute entière dans l'ancien et le nouveau continent est minée dans toutes ses parties par les sociétés occultes les plus dangereuses ; lorsque leurs projets les plus criminels et les plus sanguinaires ont éclaté sur tous les points, en France, en Italie, en Espagne, en Allemagne, en Russie, en Amérique, et que les procédures les plus authentiques, suivies en France, à Turin, à Milan, à Vérone, à Mayence, à St.-Pétersbourg, ont mis au jour par les propres aveux des coupables ou les correspondances et les papiers saisis chez eux, leur organisation, leurs engagements et leurs projets ; lorsque ces sociétés, sous diverses formes et divers noms, marchent ensemble avec une persévérance infatigable au même but, le renversement de toute autorité, l'envahissement de toute propriété, et une conflagration générale ; que M. de Montlosier, voulant traiter de conspirations ourdies par des sociétés secrètes, n'ait absolument rien dit, ni rien vu de celles-là, et n'ait trouvé à dénoncer qu'une conspiration *ourdie par des saints au milieu des choses saintes,* ourdie *par la vertu en faveur du crime, par la piété contre la religion, et la fidélité contre la royauté ;* c'est ce qui confond,

ce qui épouvante, et qui doit être le sujet d'une
profonde consternation. Assurément si les sociétés occultes dont l'existence n'est que trop prouvée, et qui ne prennent plus la peine de se cacher, avaient voulu faire prendre le change sur leurs trames criminelles, elles n'auraient pas suivi une autre marche; elles auraient prêté leur propre nom à des intentions toutes différentes, leur auraient attribué leurs propres projets, les auraient accusées de leurs propres crimes; c'est ainsi qu'au commencement de la révolution le parti jacobin accusait *le cabinet autrichien*, *Pitt et Cobourg*, de troubler la France, et les nobles eux-mêmes de piller leurs propriétés, et de brûler leurs châteaux. Aussi avec quelle faveur et quel empressement le parti libéral n'a-t-il pas accueilli, répandu et multiplié l'écrit de M. de Montlosier, qui est déjà, à ce que nous apprennent les journaux, à sa septième édition ? déplorable succès, et que n'ont pas obtenu ses autres écrits bien supérieurs à celui-ci et pour les doctrines et pour la composition ?

Mais puisqu'en me nommant avec des hommes que j'aime et j'honore, M. de Montlosier nous désigne par cette seule indication comme des agents ou des principaux complices de la conspiration qu'il dénonce, je ne me refuse pas à lui donner toutes les explications qu'il peut désirer sur des choses desquelles il doit me croire aussi instruit que tout autre, et effectivement je crois avoir mérité la confiance entière du parti royaliste, ou plutôt des amis et des partisans de la royauté, car le nom de *parti* ne leur convient pas.

Si le hasard eût fait connaître à M. de Montlosier un de mes écrits intitulé *Pensées*, il aurait pu y remarquer celle-ci : « Ce ne sont pas les de-» voirs qui ôtent à un homme son indépendance, » ce sont les engagements », et il aurait pu en conclure que celui qui a toujours montré et qui professe une entière indépendance, ne pourrait pas être légèrement soupçonné d'avoir contracté des engagements contraires à ses devoirs.

Je le dirai, puisque M. de Montlosier en me nommant m'a imposé la pénible nécessité de parler de moi, j'ai assisté à des conférences entre des membres de l'une ou de l'autre chambre, ou quelquefois des deux, pour préparer les moyens de soutenir des opinions communes, ou de combattre des opinions ennemies ; nos adversaires en faisaient autant, et les lois de cette guerre que le gouvernement représentatif allume et entretient entre les opinions, permettent ou plutôt nécessitent ce concert entre les opinants. Je dirai aussi que nous nous sommes entretenus dans ces réunions des moyens d'accroître dans les chambres au profit de la religion et de la monarchie le nombre de nos partisans et de nos amis. C'est encore ce que font et peuvent faire nos adversaires ; j'ai assisté encore à des réunions, ou si l'on veut à des congrégations pour de bonnes œuvres ; mais jamais, jamais, je le dis avec la vérité que je dois à Dieu et aux hommes , jamais je n'y ai rien entendu qui ressemblât le moins du monde à ce qu'il plaît à M. de Montlosier d'appeler une conspiration, pour exercer quelque contrainte sur les résolutions du Roi ou les opérations de ses ministres ; rien qui annonçât l'intention même la plus éloignée de détruire ou de changer nos institutions, même de les modifier par d'autres moyens que ceux qu'elles permettent ; que jamais je n'ai rien écrit, rien imprimé dans une intention convenue , ou par les suggestions de qui que ce soit ; que jamais je n'ai eu de conférence *officielle* sur des objets politiques avec aucun homme en place ; que jamais aucun ne m'a demandé conseil ; que jamais je n'en ai donné qu'à la tribune , où j'ai dit tout ce que je pensais, comme ailleurs j'ai pensé tout ce que j'ai écrit ; que jamais il ne m'a été communiqué de vive voix, ou par écrit, ni projet, ni mémoire qui pût présenter à l'esprit le plus prévenu , fut-ce à M. de Montlosier lui-même , l'apparence la plus légère de projet clandestin, de trames secrètes , de conspiration enfin dans le sens que le définit assez singulièrement M. de Montlosier , *d'aspiration concertée de la part d'un certain nombre d'indivi- dus pour arriver à un but* contraire aux lois exis- tantes et à nos devoirs même constitutionnels ; ce qui étonnera peut-être l'auteur lui-même est que depuis dix mois que des malheurs et des affaires domestiques m'ont retenu dans mes rochers, je n'ai reçu de Paris, ni écrit une seule lettre, que je ne pusse montrer au plus minutieux investigateur de conspirations ; et ce que je dis ici de moi, je le dis avec la même confiance et la même certitude de ceux de mes nobles et vertueux amis qu'a dé- signés M. de Montlosier dans son ouvrage, et qu'il serait bien étonné, s'il les connaissait, d'avoir placés, comme il l'a fait , dans une conspiration ; il serait, j'ose le dire , confus de sa méprise.

Mais M. de Montlosier nous a révélé le secret de ses craintes et de ses soupçons, et puisqu'il met au nombre des conspirateurs M. l'abbé L. (1),

---

(1) M. le comte de Montlosier aura déploré plus que personne les barbares traitements qu'a essuyés à Rouen ce même M. l'abbé L..... (M. l'abbé Lœwembruk) qui, si nous sommes bien instruits, a failli être étranglé par quelques forcenés, au moyen de sa ceinture violemment tordue, et dont on se servait comme d'un lacet pour lui ôter la vie; il n'a dû son salut qu'à l'humanité et au cou- rage d'un honnête boucher, qui s'est dévoué pour le sau-

pour avoir réuni un grand nombre d'ouvriers ou d'enfants d'artisans, dans la seule intention de les former aux vertus de leur état, de leur inspirer l'amour de la religion et du Roi, le goût du travail, et de leur en procurer s'il le peut ; alors il prend pour des conspirations toutes les associations de bienfaisance, et l'œuvre des petits sa-

---

ver. Peut-être voulait-on punir en lui un *conspirateur*, et étouffer une *conspiration !* La Providence, en conservant presque miraculeusement les jours de M. l'abbé Lœwembruk, a préservé d'un éternel chagrin celui qui avait défendu les prêtres avec tant de gloire à l'assemblée constituante, et avait fait entendre ces nobles paroles : *Si l'on ôte aux évêques leur croix d'or, ils prendront la croix de bois qui a sauvé le monde.*....

Au reste, les dernières insultes et les plus atroces violences n'ont fait que ranimer la piété des fidéles de l'un et de l'autre sexe qui suivaient les exercices de la mission, et quoiqu'on ait *fait payer un peu cher aux femmes leur imprudente curiosité,* comme l'a dit un journal avec une si heureuse et si convenable ironie, elles ont montré un zèle et un courage au-dessus de tout éloge. Louer le zèle, la patience et la fermeté des missionnaires serait presque leur faire injure.

(Note de l'éditeur).

voyards, et l'œuvre de madame de Karcado pour
les orphelines et les enfants abandonnés , et surtout l'œuvre des Missions de France et des Missions
étrangères , et tant d'autres œuvres qui , au milieu
de la corruption de la capitale, sont un spectacle di-
gne des regards des anges et des hommes, comme,
parle l'Ecriture, et dont j'ai vu des étrangers si
frappés , qu'ils avouaient que ce n'était qu'en
France et chez les catholiques qu'on voyoit de pa-
reils miracles de bienfaisance et un semblable
zèle de religion. Que répondre cependant à des
préventions de cette force, et comment guérir
cette maladie de l'esprit qui prend pour l'audace
des conspirations, les hardiesses, je dirais volontiers, les témérités de la charité? M. de Montlosier, qui croit, d'après ce qu'il pense de l'œuvre
de M. l'abbé de L...., que les œuvres de bienfaisance ne sont qu'un voile dont se couvrent des
œuvres moins innocentes, trouve à tout cela une
organisation savante, de vastes combinaisons,
une habileté consommée; en vérité, il nous fait
plus d'honneur que nous ne méritons. Mais ce
qu'il ne comprend pas, ce que nos adversaires ,
qui nous trouvaient aussi fort habiles et fort unis
entre nous, ne comprenoient pas davantage, est
la force et l'union que donne, même sans concert
préalable, l'unité de principes et de doctrines,
unité qui ne peut se trouver que dans de vrais

principes et de saines doctrines, et combien il est aisé de s'entendre à ceux qui écoutent la même voix, et qui ne portent dans leurs démarches, ni intérêt, ni orgueil, ni ambition. Des conspirations! il s'en est tant fait pour le crime, et vous les craignez pour la vertu? il s'en est tant fait pour renverser les trônes et les autels, et vous n'en voulez pas pour les défendre, et vous croyez qu'avec les seuls moyens d'administration faits pour les temps tranquilles, les gouvernements pourront se maintenir contre ces passions furieuses et désespérées qui, se servant à la fois de la violence et de la ruse, les attaquent le front levé, minent sourdement tous leurs appuis, et employent les écrits contre les doctrines et les poignards contre les souverains! Quand les méchants se rassemblent d'un bout du monde à l'autre, vous voulez que les honnêtes gens restent isolés? Hélas! ils ne le sont que trop, et plût à Dieu qu'ils sussent conspirer pour maintenir tout ce qu'on veut renverser! Mais quand la puissance publique à saisi le glaive qui dans les premiers temps était dans les mains du pouvoir domestique, les méchants ont gardé leurs armes, les bons ont remis les leurs au gouvernement, et ce n'est que par ses ordres et sous sa direction qu'ils doivent les reprendre.

Veut-on savoir enfin ce que c'est que ce fantôme de Congrégation dont on fait tant de bruit et un épouvantail pour les esprits faibles? C'est un moyen imaginé en désespoir de cause, pour renverser le ministère en faisant croire qu'il n'agit que par l'influence et sous la direction de cette puissance mystérieuse, ce qui tend à avilir le gouvernement du Roi, et à le déconsidérer dans l'esprit des peuples. C'est une autre congrégation qui voudroit se servir habilement des préventions de quelques hommes de bien pour gouverner ce ministère ou tout autre, et Dieu sait dans quel sens ! Ce sont des hommes avides de pouvoir ou des concurrents à des places qu'ils n'ont pas obtenues, qui accusent la Congrégation de leurs *désappointements*, et trouvent quelque consolation à rejeter sur elle leurs propres fautes ou les torts de la fortune; et de là tous ces reproches, toutes ces accusations dont les hommes légers se font les échos, et dont trop souvent d'honnêtes gens se font les instruments.

§ II. *Des Jésuites.*

Je ne sais quelle opinion M. de Montlosier s'est formé de ses lecteurs, mais il faut qu'il ait compté sur une étrange crédulité ou sur une profonde ignorance de leur part, pour leur avoir présenté l'expulsion des Jésuites comme l'œuvre

de la sagesse , de la nécessité, de la raison (1),
lorsque tout le monde sait qu'elle fut l'œuvre des
passions et le triomphe des fausses doctrines ; et
il y a peu d'impartialité à alléguer contre eux
les reproches qui leur ont été faits par la préven-
tion ou la haine, lorsqu'on dissimule les témoi-
gnages rendus en leur faveur par les plus grands
hommes de l'Eglise et de l'Etat. Je fais grâce à
M. de Montlosier des comparaisons que je pourrais établir ici entre leurs amis des temps passés et
leurs ennemis d'aujourd'hui. Je pourrais opposer
Grotius, Bacon, Montesquieu , Robertson, même
Raynal et Voltaire aux rédacteurs du *Constitutionnel* et du *Courrier*, et dix mille pères des familles les
plus honorables qui confient aux **PP.** de la Foi ce
qu'ils ont de plus cher, aux libéraux lettrés ou
illétrés qui, sans les connaître, les poursuivent
avec tant d'acharnement. Mais je me contenterai
de citer en leur faveur le plus célèbre de leurs
ennemis dont le témoignage ne peut être décem-

----

(1) Il ne faut pas oublier que Voltaire, parlant des attaques portées contre les Jésuites dans *les Provinciales*,
dit en propres termes : *Il ne s'agissait pas d'avoir raison, il s'agissait de divertir le public....*

L'on verra plus bas que d'Alembert faisait le même
aveu, et je pense que Voltaire et d'Alembert en savaient
autant sur les Jésuites que M. de Montlosier.

ment mis en balance avec l'opinion d'aucun homme vivant : c'est d'Alembert contemporain et de la puissance et de la chute de cette société. Je le cite pour qu'on remarque que les philosophes d'alors, plus instruits, plus beaux esprits et souvent de meilleure compagnie que ceux d'aujourd'hui, étoient quelquefois aussi plus équitables et plus modérés.

« Les Jésuites, dit d'Alembert, ont acquis dans » le Paraguay une autorité monarchique fondée, » dit-on, sur la seule persuasion et sur la douceur de » leur gouvernement (1). Souverains dans ce vaste » pays, ils y rendent heureux, à ce qu'on assure, » les peuples qui leur obéissent, et qu'ils sont » venus à bout de soumettre sans employer la » violence. Le soin avec lequel ils écartent les » étrangers empêche de connaître les détails » de cette singulière administration ; mais le peu

----

(1) « Rien n'égale, dit Raynal, la pureté des mœurs, » le zèle doux et tendre, les soins paternels des Jésuites du » Paraguay..... » « Le Paraguay, dit Montesquieu, peut » nous fournir un exemple de ces institutions singulières » faites pour élever les hommes à la vertu. »

Si d'Alembert et Montesquieu eussent vécu de notre temps, bien certainement ils eussent été appelés *jésuites à robe courte*..... Il n'en faut pas tant aujourd'hui.

(Note de l'éditeur.)

»qu'on en a découvert en fait l'éloge, et ferait
»peut-être désirer que tant d'autres contrées bar-
»bares où les peuples sont opprimés et malheu-
»reux, eussent eu ainsi que le Paraguay des Jé-
»suites *pour apôtres et pour maîtres.* » Depuis que
d'Alembert écrivait, l'expulsion des Jésuites du
Paraguay mit dans le plus grand jour les détails
de cette *singulière administration,* et Montesquieu, qui écrivit après cette époque, confirme
tout ce que d'Alembert ne savait qu'imparfaite-
ment. *Vous verrez, dit-il, que le peu de mal dont
on les accuse ne balance pas un moment les services
qu'ils ont rendus à la société.* Je continue : « A
» tous ces moyens d'augmenter leur considéra-
» tion et leur crédit, ils en joignoient un autre
» non moins efficace : c'est la régularité de la
» conduite et des mœurs. Leur discipline sur ce
» point est aussi sévère que sage, *et quoiqu'en ait
» publié la calomnie,* il faut avouer qu'aucun or-
» dre religieux ne donne moins de prise à cet
» égard. »

« On les représentait à la fois comme idolâtres
» du despotisme pour les rendre vils, et comme
» prédicateurs du régicide pour les rendre odieux.
« Ces deux accusations pouvaient paraître un peu
» contradictoires; *mais il ne s'agissait pas de dire
» l'exacte vérité, il s'agissait de dire des Jésuites
» le plus de mal possible.* »

« Il est malheureusement trop certain que les
» maximes qu'on reprochait à Guignard et aux Jé-
» suites sur le meurtre des rois, étaient alors celles
» de tous les ordres religieux, de presque tous
» les ecclésiastiques.... ; c'étoit même, si on ose
» le dire, celle d'une grande partie de la nation. »
Soyons de bonne foi, la France entière, pendant
la révolution, a été partagée entre deux partis
dont l'un aurait cru licite de tuer les tyrans de la
convention et peut-être l'usurpateur, et dont l'autre a cru nécessaire de tuer le roi.... Ne repro-
chons pas tant aux Jésuites une doctrine qui était
bien moins la leur, quoiqu'on ait dit, que celle
des révolutions de tous les temps, et empêchons
seulement de toutes nos forces des révolutions qui
enfantent des doctrines si monstrueuses et de si
grands attentats.

« Ce n'est pas parce qu'on a cru les Jésuites plus
» mauvais Français que les autres, qu'on les a dé-
» truits et dispersés, mais parce qu'on les a re-
» gardés comme plus redoutables par leurs intri-
» gues et leur crédit. »
Ce ne sont que les ennemis de la religion et de
la royauté qui ont redouté leur crédit, et l'Angleterre, dont les desseins ultérieurs sont aujour-
d'hui à découvert, redoutait la puissance que leurs
missions donnaient à la maison de Bourbon dans
les deux Indes, et c'est ce qu'on a appelé et qu'on

appelle peut-être encore leurs intrigues, car la
haine des Jésuites nous est venue, comme tant
d'autres choses, d'au-delà la mer. Je reprends :

« Il ne faut pas croire que la soumission au
» pape tant reprochée à la société des Jésuites,
» soit pour elle un dogme irrévocable, et leur pré-
» tendu dévouement au pape n'était, pour ainsi
» dire, que par bénéfice d'inventaire. »

« Henri IV prit un Jésuite pour confesseur, et
» Richelieu continua de les favoriser ; il pensait
» que leur zèle et leur conduite régulière servi-
» raient tout à la fois d'exemple et de frein au
» clergé. »

« Le cardinal de Fleury, qui ne les aimait pas,
» était néanmoins dans la persuasion *qu'on devait*
» *les protéger avec force , comme les plus fermes ap-*
» *puis de la religion dont ce ministre regardait le*
» *maintien comme partie du gouvernement.* »

« Deux fautes capitales que firent alors les
» Jésuites à Versailles, commencèrent à prépa-
» rer leurs désastres. Ils refusèrent de recevoir
» sous leur direction des personnes puissantes...
» Ils avaient aussi trouvé le secret d'indisposer une
» classe d'hommes moins puissante en apparence,
» mais plus à craindre qu'on ne croit : les gens de
» lettres. Leurs déclamations contre l'Encyclopédie
» à la Cour et à la ville avaient soulevé contre eux
» toutes les personnes qui prenaient intérêt à cet
» ouvrage, et qui étaient en grand nombre. »

D'Alembert était homme de lettres et un des fondateurs de l'Encyclopédie qui est jugée aujourd'hui par les hommes religieux et même par les savants.

« *C'est proprement la philosophie qui par la* » *bouche des magistrats a prononcé l'arrêt contre* » *les Jésuites. Le jansénisme n'en a été que le solli-* » *citeur.*

» Ces hommes que l'on croyait si disposés à se »jouer de la religion et qu'on avait représentés »comme tels dans une foule d'écrits, refusèrent »presque tous de prêter le serment qu'on exigeait » d'eux.

» Il est certain que la plupart des Jésuites qui, » dans cette société comme ailleurs, ne se mêlent » de rien, et qui sont en plus grand nombre » qu'on ne croit, n'auraient pas dû, s'il eût été » possible, porter la peine des fautes de leurs su- » périeurs. Ce sont des milliers d'innocents qu'on » a confondus à regret avec une vingtaine de » coupables. »

C'est réduire à bien peu les torts d'une société si nombreuse, et encore quels torts, que d'avoir *déclamée contre l'Encyclopédie*, et refusé de recevoir des *personnes puissantes* sous leur direction! certes, les ennemis des Jésuites ne leur ont guères reproché de semblables fautes.....

« Ceux qui se sont liés à l'institut de la société

» de Jésus, ne l'ont fait que sous la sauve-garde
» de la foi publique et des lois. S'ils ont refusé
» d'y renoncer, ce ne peut être que par une
» délicatesse de conscience toujours respectable
» même dans des hommes qui ont tort. »

« Ce qui est plus singulier, c'est qu'une entre-
» prise qu'on aurait cru bien difficile et impos-
» sible même au commencement de 1761, ait été
» terminé en moins de deux ans, sans résistance,
» sans bruit, et avec aussi peu de peine qu'on en
» aurait eu à détruire les capucins ou les picpus.
» Ce qui doit mettre le comble à l'étonnement est
» que deux ou trois hommes, qui ne se seraient pas
» crus destinés à faire une telle révolution, aient,
» imaginé et mis fin à ce grand projet. »

« L'esprit monastique, a dit le philosophe
» M. de la Chalotais, est le fléau des Etats. De
» tous ceux que cet esprit anime, les Jésuites sont
» les plus nuisibles, parce qu'ils sont les plus
» puissants, c'est donc par eux qu'il faut com-
» mencer à secouer le joug de cette nation per-
» nicieuse. »

On trouvera réuni dans ces passages et tout ce
qu'on a reproché aux Jésuites, et ce que d'A-
lembert pensait de ces accusations dans le secret
de sa conscience. On ne pourra s'empêcher d'ad-
mirer comment cet écrivain a pu devenir un des
plus ardents persécuteurs d'une société aux ver-

tus de laquelle il rendoit justice, et l'on déplorera qu'il se soit livré corps et âme à la secte philosophique, au point de mentir, pour lui plaire, à sa raison et à sa conscience.

On apprendra encore, dans ces extraits de d'Alembert, que l'esprit philosophique et irréligieux n'a poussé à l'expulsion des Jésuites qu'en haine de l'esprit monastique qui est la perfection des conseils du christianisme, et qui, loin d'être, comme le dit un philosophe, le fléau des Etats, est un des plus puissants auxiliaires de tout gouvernement qui sait s'en servir et le diriger.

On s'étonnera enfin, avec d'Alembert, que cet ordre si étendu, si nombreux, si riche, incorporé depuis si long-temps à l'Eglise et à l'Etat, jouissant de la confiance de toutes les familles et dans toutes les conditions, avec tant de moyens de puissance, de crédit, d'habileté, d'intrigue, si l'on veut, ait cédé si facilement la victoire à ses ennemis. Les philosophes s'attendaient de sa part à plus de résistance, et n'auraient pas manqué de lui en faire un crime ; mais les membres de cet ordre si puissant, rendant à César ce qui est à César, à Dieu ce qui est à Dieu, et fidèles aux vœux qu'ils avaient contractés, refusèrent, avec une fermeté inébranlable, des serments qui blessaient leur conscience, et mirent, sans murmurer, leurs biens et leurs personnes à la discrétion des gouvernements qui auraient peut-être plus de peine aujourd'hui, après ce qu'ils ont perdu d'autorité, et ce qu'ils en ont laissé prendre à leurs ennemis, à dissoudre, dans un village, une société biblique.

La société des Jésuites naquit en même temps que la réforme pour la combattre, et si, comme le dit M. de Montlosier, elle ne l'a pas partout prévenue, elle en a préservé la France, l'Espagne, l'Italie, une grande partie de l'Allemagne et du Nouveau-Monde. La haine implacable, qui dès-lors s'attacha à ses pas, et qui depuis l'a toujours poursuivie, trouva plus tard dans quelques ministres qui gouvernaient les Etats des maisons de Bourbon et de Bragance de puissants auxiliaires. Mais quand on allègue les arrêts des parlements, et la bulle du pape qui les proscrivirent, il faudroit ajouter que, dans presque tous les parlements, une grande partie des magistrats, et des parlements tout entiers refusèrent de les condamner ou n'opinèrent qu'à regret. On ne dit pas que le pape ne céda qu'à la contrainte et pour le bien de la paix et de la religion menacée de schisme, et le monde entier sut avec quelle douleur et quelle répugnance il signa ce fatal arrêt. C'est aussi trop tôt défigurer l'histoire de son temps; il falloit attendre quelques siècles que la connaissance de ces événemens se fût effacée de

la mémoire des hommes, et que les témoins contemporains de cette époque eussent disparu. Personne ne respecte plus que moi la magistrature ; mais si elle juge les particuliers, elle est à son tour jugée par l'opinion publique et par l'histoire de qui tout est justiciable, et les magistrats, et les rois eux-mêmes. Si un pape contraint a supprimé les Jésuites, un pape libre les a rétablis ; si les couronnes les ont expulsés de leurs Etats, ces mêmes couronnes les ont rappelés, et la réhabilitation d'un condamné prouve bien mieux son innocence que la condamnation ne prouve sa culpabilité. Le parti ennemi des Jésuites a élevé des doutes sur l'authenticité de la réponse d'Henri IV au président de Harlai, et cependant on la trouve dans les mémoires de Villeroi, secrétaire et confident de ce grand roi, dans son histoire écrite sous ses yeux par P. Mathieu son historiographe, dans Duplex, historiographe de France, dans le *Mercure français*, dans la plaidoirie de Montholon. M. de Thou lui-même ne l'a pas dissimulé, et en donne une analyse assez détaillée, se bornant à supprimer ce que ses opinions ne lui permettoient pas de décrire ; et quant au crime de Châtel qui n'avait fait chez les Jésuites que sa philosophie, Péréfixe dit :
« Véritablement ceux qui n'étaient pas leurs en-
»nemis ne croyaient point que la société fût
»coupable. »

Mais sans entrer dans de plus longs détails sur les motifs d'une expulsion qui ne sont ignorés de personne ni contredits que par la haine, je me bornerai à une réflexion que je soumets à l'esprit philosophique de M. de Montlosier, et je commence par lui dire que, trop jeune encore lors de leur destruction, je n'ai pas vu les Jésuites ; que j'aurais pu trouver dans ma famille des préventions peu favorables à cette société, et que j'ai été moi-même élevé chez ses rivaux. Ainsi je ne porte dans cette cause aucun préjugé de naissance ou d'éducation. C'est en lisant tout ce qui a été écrit pour ou contre les Jésuites, ce que n'ont vraisemblablement pas fait leurs ennemis, c'est en considérant les circonstances au milieu desquelles cet ordre célèbre a commencé, vécu et fini, que je me suis convaincu de son utilité et de l'injustice de ses persécuteurs. Mais ce qui a porté ma conviction à cet égard au plus haut degré, est la haine furieuse qu'on a jurée à la société des Jésuites et les ennemis qu'elle s'est faits. On ne peut haïr à ce point que le bien, parce que le bien devant être l'objet de l'amour le plus ardent, ne peut aussi, quand on le hait, être l'objet que de la haine la plus exaltée, et c'est ce qui a fait, dans les persécutions religieuses, des martyrs et des bourreaux. Les hommes vertueux ne haïssent pas, ils méprisent, et jamais, victimes eux-mêmes dans leurs biens et leurs personnes des fureurs révolutionnaires, ils n'ont haï les Marat, les Robespierre, les membres sanguinaires du comité de salut public, au point où un parti hait aujourd'hui les Jésuites qu'il redoute plus de voir revenir en France qu'il ne redouterait de revoir les Cosaques au milieu de Paris. Il les redoute surtout comme milice religieuse. L'Europe avait assez d'autres de ces milices; ce qui lui manquait et que les Jésuites lui ont donné, était une milice politique et religieuse tout à la fois, qui comprît que la religion, ne fût-elle qu'utile à l'homme, est nécessaire à la société; qui portât la religion dans le monde pour porter le monde dans la religion; et, pour me servir d'une distinction dont M. de Montlosier a usé et abusé, enseignât la vie chrétienne aux hommes publics, et *la vie dévote* aux hommes privés. Ils étaient surtout les plus habiles instructeurs de la jeunesse qui eussent paru, et de tous les devoirs du gouvernement, l'éducation publique est le premier et le plus important. « L'Europe, dit M. de Chateaubriand, a fait » une perte irréparable dans les Jésuites. L'édu- » cation publique ne s'est jamais bien relevée de- » puis leur chute. »

§ III. *De l'Ultramontanisme.*

Je traiterai ce sujet, tout délicat qu'il peut paraître, avec une entière indépendance , fort de la pureté de mes intentions et de ma soumission aux autorités légitimes ; et puisque M. de Montlosier, en m'inscrivant presque seul sur la liste des conspirateurs de religion , m'a réduit à la triste nécessité de parler de moi , je commencerai par une franche exposition de mes sentiments. Je suis chrétien et catholique comme l'on est géomètre ; avec cette différence que l'on est géomètre par les aperçus et les inductions de sa raison, et que je suis catholique par raison et par sentiments ; et tout aussi convaincu qu'il n'existe point, dans l'ordre moral et religieux , de vérité *complète*, hors des croyances catholiques, que je suis convaincu qu'il n'existe point hors des sciences mathématiques , de vérités démontrées sur l'étendue et la solidité des corps et leurs rapports de mouvement et de forces ; de là faut-il conclure que je voudrais faire embrasser de force le catholicisme aux dissidents? non assurément ; et pas plus que je ne ne voudrais enseigner de force la géométrie à celui qui ne voudrait pas l'apprendre. Il est vrai qu'il y a une grande différence entre la nécessité de ces deux genres de croyances ou de connoissances ; mais si Dieu ne contraint pas la liberté qu'a l'homme de se perdre ou de se sauver, et n'agit sur sa volonté que par une grâce à laquelle l'homme peut résister, pourquoi voudrais-je agir sur la volonté de mon semblable, en matière de croyance, autrement que par des moyens de persuasion qu'il est libre de recevoir ou de rejeter.

Mais catholique, veut dire *universel* : ainsi je ne suis pas catholique, français, espagnol, italien ou allemand ; mais universel, universalité qui s'entend du dogme et non de tous les points de discipline ; universalité de droit et non de fait actuel, comme celle de la lumière qui est universelle, quoiqu'elle n'éclaire actuellement ni tous les yeux, ni tous les lieux. Dans ce sens encore les vérités générales sont universelles ; et les vérités mathématiques sont universelles, n'y eût-il au monde aucun mathématicien de profession.

Quand une société est troublée, les sujets se réfugient auprès du pouvoir de cette société, et cherchent à en accroître la force pour mieux assurer la protection qu'ils en espèrent. C'est cette disposition naturelle et involontaire des esprits, dont on fait un crime, aux sujets d'une monarchie, aux fidèles de la religion, en l'appelant *absolutisme et ultramontanisme.* Il est vrai, qu'à la suite de quelques démêlés avec la cour de Rome, Louis XIV s'adressa à l'assemblée du clergé de 1682, que M. de Montlosier qualifie mal-à-propos d'états-généraux de l'Eglise, ce qui ne pourrait convenir qu'à un concile général; et il lui demanda de poser les limites qui en France séparaient les deux pouvoirs spirituel et temporel. M. Bossuet voulut les poser dans les quatre fameux articles. Mais j'ose dire, avec le respect dû à ce grand homme, qu'il manquait à ses vastes connaissances, ce que les plus vastes connaissances ne remplacent pas : l'expérience la plus hardie en projet, la plus habile en exécution, la plus désastreuse en résultat, qui ait jamais été faite sur un peuple chrétien : je veux dire, l'expérience de la révolution irréligieuse de France, car celle d'Angleterre qui ne fut même accomplie, et consommée que plus d'un siècle après qu'elle eût commencé, était plutôt une révolution religieuse; l'expérience de cette révolution française, que Leibnitz, génie plus étendu et plus universel que Bossuet, prévit et caractérisa. Si M. Bossuet eût pu prévoir cette révolution dont le profond révolutionnaire Mirabeau donna *l'argument* dans ce peu de mots : *qu'il fallait décatholiser la France pour la démonarchiser, et la dé-*

monarchiser pour la décatholiser, je ne crains pas de dire que les idées sur le pouvoir social, c'est-à-dire sur l'accord du pouvoir universel du chef de l'Eglise catholique avec le pouvoir local du chef d'un Etat particulier, auraient pris une direction moins locale et moins tranchante, et l'on sait quelle lumière le respectable M. Emmery, supérieur général de Saint-Sulpice, le plus savant, le plus vrai et le plus modéré des hommes, a répandue *dans les opuscules de l'abbé Fleury*, sur ce qui suivit la fameuse déclaration de 1682.

La révolution française, en bouleversant la société, en a mis à découvert les fondements, comme la tempête, en soulevant les vagues de l'Océan, laisse voir les abîmes qui le supportent. Elle a donné naissance à une manière nouvelle de considérer la politique dans la religion et la religion dans la politique, les sympathies qui existent entre elles et qui produisent inévitablement des analogies dans leurs constitutions réciproques. C'est le temps, ce sont les événements qui découvrent les vérités, et les hommes n'ont d'autre mérite que de les observer.

Quoiqu'il en soit, il s'agissait alors, il s'agit encore aujourd'hui, de mettre le pouvoir temporel des rois à l'abri des entreprises du pouvoir spirituel du pape; et c'est spécialement ce qu'on appelle les dangers de l'ultramontanisme dont personne n'est moins alarmé que les libéraux qui en font tant de bruit. Mais jusqu'à ce qu'on voie le saint père faire battre monnaie à son coin en France, y lever des impôts et des armées, instituer des magistrats et les administrateurs, et faire rendre en son nom les jugements et les ordonnances, il n'y a rien à craindre. Les déclarations de nos évêques et de ceux d'Irlande, et celles des papes eux-mêmes, doivent pleinement rassurer les esprits, et M. l'abbé de La Mennais lui-même, dans une lettre insérée aux journaux, reconnaît que les papes ne peuvent disposer des royaumes à leur volonté, et que le Roi possède, dans son royaume, *la plénitude de l'autorité temporelle*. Rien n'est donc plus solidement établi, ni plus certain, ni plus nécessaire que la pleine et entière indépendance du pouvoir temporel des rois, de tout pouvoir spirituel.

Mais on a soulevé une autre question, et heureusement il n'y avait aucune raison de l'agiter. C'est l'autorité qu'aurait le chef de l'Eglise dans le cas où un roi dissident d'un peuple catholique menacerait la religion de ses sujets, car les princes dissidents ne peuvent pas toujours, même quand ils le voudraient, être tolérants comme les

princes catholiques, et la preuve en est en Angleterre (1).

Cette grande question a été décidée en droit
en Angleterre, et en fait en France. Jacques II,
roi catholique d'un peuple protestant, fut obligé
de renoncer à la couronne, et un statut, devenu
loi fondamentale dans le pays, ne permet pas à
un prince catholique, même successeur légitime,
de monter sur le trône. Henri IV, roi protestant
d'un peuple catholique, ne put y parvenir qu'en
embrassant la religion de ses peuples, et Sully,
dissident lui-même, le lui conseilla. Je ne dis pas,
qu'on veuille bien le remarquer, qu'Henri IV
n'eût pas dû régner en France, quoique d'une
religion dissidente; mais je dis seulement, et
comme un fait historique, qu'il ne régna qu'à
cette condition, et même que sans cela il n'eût
pas régné. Ce serait donc, si l'on veut, une question de compétence entre le chef de l'Eglise, vicaire de Jésus-Christ, et le peuple souverain, pour

---

(1) On peut remarquer aussi, qu'en Angleterre dans
les troubles excités par les ouvriers, le gouvernement
commence par faire tirer sur les mutins, et après on juge
ceux qui ne sont pas morts. En France, les choses se pas-
sent plus doucement, quoique nous y soyons moins *libres*
qu'en Angleterre, à ce qu'on nous assure.

savoir à qui appartiendrait, dans ce cas, la jurisdiction sur les rois. Il est vrai que le peuple souverain, quand il a déposé un roi, ne peut faire autrement que de le mettre à mort, et que le pape se contenterait de l'excommunier; et certes quand on voit les relations de respect, de déférence et de bienveillance mutuelle, qui existent actuellement entre le chef de l'Eglise et les princes même dissidents, et même les concordats passés ou projetés entre les deux puissances en faveur des catholiques placés dans des Etats protestants, on doit être bien rassuré sur des dangers hypothétiques dont les habiles, qui n'y croient pas, font peur aux sots pour rompre, en les divisant, le faisceau de l'Eglise et de l'Etat.

Mais laissons parler sur cette matière un saint évêque (1), aussi spirituel dans ses écrits qu'il était ferme, charitable et modéré dans l'exercice de ses fonctions pastorales, répondant à une dame qui l'avait consulté sur ce qu'il fallait penser de l'autorité du pape sur la puissance temporelle des rois.

« Quant à ce que vous me demandez, quelle » autorité le pape a sur le temporel des royaumes » et principautés, vous désirez de moi une résolu» tion également difficile et inutile.

» Difficile, non pas certes en elle-même, car

____

(1) St.-François-de-Sales.

» àu contraire elle est fort aisée à rencontrer aux
» esprits qui la cherchent par le chemin de la cha-
» rité; mais difficile, parce qu'en cet âge qui redonde
» en cervelles chaudes, aiguës et contentieuses,
» il est mal-aisé de dire chose qui n'offense ceux
» qui, faisant les bons valets, soit du pape, soit des
» princes, ne veulent que jamais on s'arrête hors
» des extrémités ; ne regardant pas qu'on ne saurait
» faire pis pour un père que de lui ôter l'amour de
» ses enfants, ni pour les enfants que de leur ôter
» le respect qu'ils doivent à leur père.

» Mais je dis inutile, parce que le pape ne de-
» mande rien aux rois et aux princes pour ce re-
» gard ; il les aime tous tendrement, il souhaite
» la fermeté et stabilité de leurs couronnes, il vit
» doucement et amiablement avec eux, il ne fait
» presque rien dans leurs Etats, non pas même en
» ce qui regarde les choses purement ecclésiastiques
» qu'avec leur agrément et volonté. Qu'est-il donc
» besoin de s'empresser maintenant à l'examen
» de son autorité sur les choses temporelles, et
» par ce moyen ouvrir la porte à la dissension et
» discorde ?

» Certes ici je suis dans l'état d'un prince qui
» a toujours fait très-particulière profession d'ho-
» norer et révérer le saint Siége apostolique; et
» néanmoins nous n'oyons nullement parler que
» le pape se mêle, ni en gros ni en détail, de l'ad-
» ministration temporelle des choses du pays, ni

» qu'il interpose ou prenne aucune autorité tem-
» porelle sur le prince, ni sur les officiers, ni sur
» les sujets en façon quelconque : nous nous don-
» nons plein entier repos de ce côté-là, et n'a-
» vons aucun sujet d'inquiétude. A quel propos
» nous imaginer des prétentions, pour nous por-
» ter à des contentions contre celui que nous de-
» vons filialement chérir, honorer et respecter,
» comme notre vrai père et pasteur spirituel ?

» Je vous le dis sincèrement, ma chère fille ;
» j'ai une douleur extrême au cœur, de savoir que
» cette dispute de l'autorité du pape soit le jouet
» et sujet de la parlerie parmi tant de gens qui,
» peu capables de la résolution qu'on y doit pren-
» dre, en lieu de l'éclaircir la troublent, et en
» lieu de la décider la déchirent, et, ce qui est
» le pis, en la troublant troublent la paix de plu-
» sieurs âmes, et en la déchirant déchirent l'una-
» nimité des catholiques, les divertissant d'au-
» tant de penser à la conversion des hérétiques.

» Or, je vous ai dit tout ceci pour conclure que
» quant à vous, vous ne devez, en façon quelcon-
» que, laisser courir votre esprit après tous ces
» vains discours qui se font indifféremment sur
» cette autorité ; ainsi laissez toute cette imper-
» tinente curiosité aux esprits qui s'en veulent
» repaître comme les caméléons du vent. Et pour
» votre repos, voici des petits retranchements

» dans lesquels vous retirerez votre esprit à l'abri
» et à couvert.

» Le pape est le souverain pasteur et père spi-
» rituel des chrétiens, parce qu'il est le suprême
» Vicaire de Jésus-Christ en terre ; partant il a
» l'ordinaire souveraine autorité spirituelle sur
» tous les chrétiens, empereurs, rois, princes et au-
» tres, qui, en cette qualité lui doivent non-
» seulement amour, honneur, révérence et res-
» pect, mais aussi aide, secours et assistance en-
» vers tous, et contre tous ceux qui l'offensent,
» ou l'Eglise, en cette autorité spirituelle et
» en l'administration d'icelle. Si que comme
» par droit naturel, divin et humain, chacun
» peut employer ses forces et celles de ses alliés
» pour sa juste défense contre l'inique et injuste
» agresseur et offenseur ; aussi l'Eglise ou le pape
» (car c'est tout un) peut employer ses forces et
» celles de l'Eglise, et celles des princes chrétiens,
» ses enfants spirituels, pour la juste défense et
» conservation des droits de l'Eglise contre tous
» ceux qui les voudraient violer et détruire.

» Et d'autant que les chrétiens, princes et au-
» tres ne sont pas alliés au pape et à l'Eglise d'une
» simple alliance, mais d'une alliance la plus
» puissante en obligation, la plus excellente en
» dignité, qui puisse être : comme le pape et les
» autres prélats de l'Eglise sont obligés de donner

» leur vie et subir la mort , pour donner la nour-
» riture et pâture spirituelle aux rois et aux royau-
» mes chrétiens, aussi les rois et les royaumes sont
» tenus et redevables réciproquement de mainte-
» nir , au péril de leur vie et États, le pape et l'E-
» glise , leur pasteur et père spirituel.

» Grande, mais réciproque obligation entre le
» pape et les rois : obligation invariable ; obliga-
» tion qui s'étend jusqu'à la mort inclusivement ;
» et obligation naturelle, divine, humaine, par
» laquelle le pape et l'Eglise doivent leurs forces
» spirituelles aux rois et aux royaumes, et les rois
» leurs forces temporelles au pape et à l'Eglise. Le
» pape et l'Eglise sont aux rois pour les nourrir,
» conserver et défendre envers tous, contre tous
» et contre tout spirituellement. Les rois et les
» royaumes sont à l'Eglise et au pape, pour les
» nourrir, conserver et défendre envers tous et
» contre tous temporellement : car les pères sont
» aux enfants , et les enfants aux pères.

» Les rois et tous les princes souverains ont
» pourtant une souveraineté temporelle, en la-
» quelle le pape ni l'Eglise ne prétendent rien, ni ne
» leur en demandent aucune sorte de reconnais-
» sance temporelle ; en sorte que, pour abréger,
» le pape est très-souverain pasteur et père spiri-
» tuel ; le Roi est très-souverain prince et sei-
» gneur temporel : l'autorité de l'un n'est point

» contraire à l'autre ; ainsi elles s'entreportent
» l'une et l'autre : car le pape et l'Eglise excommu-
» nient et tiennent pour hérétiques ceux qui nient
» l'autorité souveraine des rois et princes ; et les
» rois frappent de leurs épées ceux qui nient l'au-
» torité du pape et de l'Eglise, ou s'ils ne les
» frappent pas, c'est en attendant qu'ils s'amen-
« dent et s'humilient.

» Demeurez-là : soyez humble fille spirituelle
» de l'Eglise et du pape : soyez humble sujette et
» servante du Roi , priez pour l'un et pour l'autre ;
» et croyez fermement qu'ainsi faisant, vous au-
» rez Dieu pour père et pour roi. »

Mais ce qu'il faut savoir, et qui doit être toujours présent à l'esprit des chefs des deux sociétés religieuse et politique, pour les mettre en
garde contre les concessions de la peur, c'est
que les hommes des révolutions ont faim et soif
d'un schisme de la France avec la Cour de Rome ;
comme le dernier acte qui doit compléter l'imi-
tation de la révolution d'Angleterre, dans laquelle nous avons été si loin : ils voudraient donc,
sous des formes d'abord plus adoucies et sous un
nom différent, un roi dissident à qui ils ne man-
queraient pas d'imposer tels serments qu'il leur
plairait, torture des consciences qu'ils ont établie
à la place de la torture des corps. Ces serments
seraient bientôt imposés à tous les hommes en

places, moyen infaillible de se débarrasser des uns et de s'attacher à jamais les autres. Alors on pourrait dire : *Et hæc erunt initium dolorum*, et tout serait consommé.

Je terminerai ce chapitre par une réflexion qui mérite une sérieuse attention. Il existe, et plus qu'on ne pense, une secrète analogie entre ce qu'on appelle *les libertés publiques* de l'Etat, et *les libertés religieuses* de l'Eglise Gallicane. S'il y a vérité dans l'une et l'autre doctrine, cette heureuse harmonie de principes constitutifs des deux sociétés religieuse et politique doit élever la France au plus haut point de prospérité non financière ou industrielle, mais de prospérité morale et de force de stabilité politique. S'il y a erreur, cette même harmonie doit produire un résultat absolument contraire..... L'expérience s'en fera avec le temps ; mais les hommes habiles devancent l'expérience, et les autres l'attendent ; heureux encore lorsqu'elle les éclaire et qu'ils savent profiter de ses leçons !

§ 4. *Des prêtres.*

Les prêtres sont le n° 4 de cet assortiment de conspirations qu'a cru découvrir M. de Montlosier qui a trouvé le parti de la congrégation, le parti des Jésuites, le parti de l'ultramontanisme, enfin *le parti prêtre*, deux mots que j'aurais voulu ne pas voir sortir ainsi accolés de la plume de M. de Montlosier.

Si l'on parlait du parti jacobin de 93 comme on parle des prêtres, on serait accusé de réveiller des haines ; comment ne craint-on pas de réveiller le sentiment de nos malheurs, et le souvenir des journées des 2 et 3 septembre, où le *parti prêtre* fut peu ménagé...? et quoique tous les ecclésiastiques puissent ne pas être tout ce qu'ils devraient être, ce qu'on peut dire également de toutes les professions, ne doit-on pas quelques égards, je dirais volontiers quelque compassion à tant d'infortunes et si peu méritées, qui ont pesé sur cette classe respectable?

M. de Montlosier a défendu la noblesse qui est le ministère, ou, si l'on peut le dire, le sacerdoce de la royauté ; il sait qu'on ne l'a partout attaquée qu'en haine de la royauté et pour la détruire ; les prêtres sont les ministres et comme la noblesse de la religion, et l'on ne peut affaiblir le respect qui est dû à leur caractère, sans porter une atteinte mortelle à la religion elle-même.

Au reste, M. de Montlosier dit tant de bien et tant de mal des prêtres, qu'on ne sait en vérité ce qu'il veut en faire dans la société. On dirait qu'il voudrait une religion sans prêtres, comme d'autres voudraient une monarchie sans nobles, un pouvoir sans ministres ; et si d'un côté il est difficile de croire à tout le bien qu'il en dit, lorsqu'on voit les reproches qu'il leur adresse, de l'autre, on admet difficilement le mal qu'il leur attribue en pensant au bien dont il leur fait honneur.

Cet écrivain reconnaît que, dans des temps d'ignorance et de barbarie, leur intervention civile et politique a été d'un grand avantage pour la société ; et j'oserai lui soutenir que si la sévérité et les menaces de la religion ont été nécessaires pour éclairer et contenir l'ignorance et la barbarie grossières et sans art du moyen âge, les lumières et les bienfaits de la religion, dont les ministres sont les dépositaires et les dispensateurs, sont tout aussi utiles, tout aussi nécessaires dans un temps d'ignorance et de barbarie savantes ; et je lui demanderai si, à aucune époque du moyen âge qu'il voudra choisir, il y a eu autant d'ignorance et de barbarie que sous la convention, et pendant le règne de la terreur.

M. de Montlosier craint que si les prêtres s'emparent du monde, le monde à son tour ne s'empare d'eux ; et il ne voudrait pas qu'ils pussent exercer des fonctions civiles et politiques. Je suis assez de son avis, et je l'ai écrit il y a plus de trente ans dans la *Théorie du pouvoir politique et religieux*. Je désirerais qu'ils ne fussent occupés que de fonctions religieuses , et qu'ils fussent hors de la société civile comme les officiers supérieurs d'une troupe militaire sont hors des rangs pour mieux commander les manœuvres. Mais alors il faut aussi que les autorités civiles et politiques ne se mêlent de fonctions ou de choses religieuses, que pour prêter à la religion le secours de leur autorité, comme les prêtres ne se mêleront du gouvernement civil que pour lui prêter le secours de leur ministère, en recommandant l'obéissance aux sujets. Cependant il ne faut pas oublier que la constitution anglaise que nous cherchons à imiter a placé l'épiscopat dans la pairie, tandis que nous n'y avons placé que quelques évêques ; le clergé était aussi jadis en France partie des Etats-généraux ou des états particuliers, et il y était comme grand propriétaire autant que comme clergé. Aujourd'hui, salarié par l'Etat , il y est sans intérêt civil , et peut-être le corps perd-il en considération religieuse ce que quelques-uns de ses membres ont gagné en considération politique.

Il serait même à désirer que le prêtre , jeune ou vieux , en santé ou en maladie , étant assuré d'une existence décente et convenable , il lui fût interdit de vendre , d'acquérir, d'hériter , même de tester , d'être tuteur ou curateur , même propriétaire de biens personnels , et qu'il fût en en mot séparé de la société civile, comme il l'est de la société domestique par la consécration et le célibat.

C'est surtout l'esprit d'envahissement que M. de Montlosier reproche aux prêtres, c'est d'orgueil qu'il les accuse; et certes, il n'avait pas besoin, pour prouver que ce vice est inhérent à la nature humaine, de citer l'autorité de mon illustre ami le comte de Maistre.

- L'esprit de domination est, en effet, le caractère propre et spécial et comme le cachet de l'homme, dominateur universel de la terre, et de l'homme de tous les âges, de tous les sexes, de toutes les conditions. L'orgueil ou l'esprit de domination se mêle aux jeux de l'enfance, comme aux plus sérieuses combinaisons de la politique; et l'enfant qui n'est pas encore homme, veut dominer ses compagnons : M. de Montlosier veut dominer quand il est écrit, et je veux moi-même dominer lorsque je lui réponds. « *Vous serez* » *des dieux* », dit aux premiers hommes, a fait la première révolution; « *Vous serez des rois* », dit aux hommes de nos jours, a fait la dernière : et parce qu'on n'a pu guérir cette maladie d'ambition de dominer, qui a saisi tous les hommes, on a trompé le malade et décreté en principe la souveraineté de tous.

Le prêtre qui domine par état, puisqu'il enseigne, qu'il reprend, qu'il corrige, qu'il exerce même à l'égard des hommes les fonctions d'un ministère surnaturel, peut donc être, plus que tout autre, tenté d'étendre à des intérêts purement temporels cet esprit de domination, naturel à l'homme ; il peut en laisser percer même quelque chose dans ses manières ; c'est un ridicule, si l'on veut, dont n'est exempte aucune des professions gouvernantes, et qu'on aperçoit sous des nuances différentes chez le militaire, le magistrat, les chefs d'instruction publique, et jusques chez le magister de village.

Mais admirez en même temps comment l'évangile tempère et trompe, pour ainsi dire, ce désir de domination en apprenant aux hommes que toute domination sur leurs semblables n'est qu'un *service*, et c'est de cette maxime de l'évangile qu'est venue dans toutes les langues chrétiennes la belle expression de *servir*, SERVICE, appliquée aux états les plus relevés de la société et à tous les emplois où il y a autorité et commandement. « Quel est le plus grand, demande » le fils de Dieu à ses disciples, de celui qui sert » ou de celui qui est servi ? » n'est-ce pas celui qui est servi ? noble et touchante leçon d'humilité, qui apprend aux grands que les petits de toute société, les enfants dans la famille, les sujets dans l'État, les fidèles dans la religion, sont véritablement les maîtres, puisqu'à eux se rapportent toutes les sollicitudes, tous les soins, toutes les fonctions de ceux que la providence n'a placés au-dessus d'eux que pour les *servir !*

Quel est enfin cet esprit d'envahissement tant reproché aux prêtres par M. de Montlosier? ils cherchent, dit-il, à s'introduire dans les maisons pour y gouverner. Ce n'est pas assurément ce qu'ils font de mieux; mais n'y sont-ils pas souvent appelés pour y donner des conseils, y rendre des services? M. de Montlosier connaît-il beaucoup d'hommes capables de se gouverner eux-mêmes dans le cours de la vie? combien y en a-t-il qui, au lieu d'être gouvernés par un prêtre, le sont par leurs domestiques et leurs voisins : et tel homme qui, autrefois gouverné par son confesseur n'eût été peut-être que ridicule, gouverné dans la révolution par un jacobin a été un scélérat. Les forts ne sont gouvernés par personne, et les foibles se laissent gouverner par tout le monde.

M. de Montlosier accuse les prêtres de désirer pour le clergé une dotation territoriale. Certes, ils ne sont pas les seuls qui voudraient aussi tirer la religion et la royauté de l'état précaire et humiliant de salariées, et les élever l'une et l'autre à la dignité de propriétaires, la première dignité de la société, même à côté de toute autre. Sans doute, les prêtres en profiteroient personnellement, puisqu'il est dit que le prêtre doit vivre de l'autel; mais ils ne laisseroient pas cette propriété à leurs familles; quand la religion en corps serait propriétaire, le prêtre pourroit n'être que pensionné, et comme le roi lui-même, ne serait qu'usufruitier des biens qui appartiendroient à la royauté; mais la royauté et la religion seroient indépendantes dans leur existence des hommes et des événements.

C'est surtout l'influence que, selon M. de Montlosier, les prêtres prennent sur le gouvernement, qui excite son courroux : il déplore amèrement l'affaiblissement qui en résulte pour l'autorité, et représente les peuples comme exaspérés et humiliés d'obéir à cette autorité étrangère, etc., etc. Ici l'auteur est en contradiction avec lui-même et avec l'histoire : avec lui-même, car il reconnaît que les études fortes, la vie grave et retirée, l'habitude des privations que la religion impose à ses ministres, leur donnent plus d'aptitude à s'appliquer au sérieux des affaires publiques, qu'ils y portent moins de ces contradictions et de ces affections qui remplissent la vie des hommes engagés dans le monde; avec l'histoire, qui lui montre partout chez les peuples au premier ou au dernier degré de l'échelle sociale, un élément théocratique dans le gouvernement, et les Romains, comme les sauvages, prenant conseil de leurs prêtres, même pour des expéditions militaires. Mais sans remonter si haut ni chercher des exemples si loin, si les peuples commerçants, cupides, athées, attaquent le territoire de leurs voisins, il n'y a que les peuples religieux qui défendent le leur. Ainsi, dans la révolution où se sont montrés à découvert et tous les vices des peuples et toutes leurs vertus, c'est la Vendée dont les gentilshommes n'auraient pu rien faire sans les curés. Ce sont les petits cantons Suisses où le peuple était, faut-il le dire, sous l'influence des capucins.... c'est surtout l'Espagne, la fière Espagne, avec son inquisition et ses moines ; ce sont ces nations qui ont opposé le plus de résistance à ces armées qui subjuguaient l'Europe. Dans ce dernier pays, en Espagne, lors des premières guerres de la révolution, les moines furent une excellente institution militaire ; ils se firent les infirmiers de l'armée, et soignèrent les malades et les blessés, comme plus tard à Barcelonne et à Minorque, désolées par la fièvre jaune, ils ont été les seuls à assister les malades et à enterrer les morts ; et malheur aux peuples qui, dans les mêmes circonstances, seraient privés d'un pareil secours ! «Rois, gouvernez hardiment,» a dit aux maîtres de la terre, non un général d'armée, mais un prêtre, mais Bossuet ; et les ministres de la politique, les plus forts et les plus hardis, ont été des prêtres et même des moines. C'est le bénédictin Suger, c'est le cardinal de Richelieu conseillé par un capucin, c'est le cordelier *Ximenès*, le plus hardi de tous, et le curé *Albéroni*, le plus téméraire. Il doit même en être ainsi, car ce sont les liens de famille qui affaiblissent les hommes en place et les prêtres les ont rompus.

M. de Montlosier voit encore une preuve de cet esprit d'envahissement qu'il reproche aux prêtres dans le désir que le clergé témoigne que l'autorité civile ordonne la célébration religieuse du mariage, rétablie dans tous les pays voisins que la révolution avoit envahis. Il oublie ou il ignore les désordres qui résultent de l'indifférence de l'autorité civile sur ce point fondamental : l'oppression de tant de jeunes personnes dont la fortune est engagée par l'acte civil, sans que leur personne ni celle de leur époux le soit par l'acte religieux qui, seul, peut engager et lier les volontés ; scandale moindre peut-être à Paris où l'on ne sait quelquefois qui est marié légalement ou légitimement, mais funeste dans les provinces où tout est connu ! scandale inspiré par un esprit anticatholique, et qui est tel qu'on peut s'étonner qu'il reste encore dans le peuple de certaines provinces une ombre de religion ! enfin une plaie mortelle pour le gouvernement qui par ce mépris pour la sainteté du mariage, favorise plus qu'il ne pense, les unions illégales, et le prodigieux accroissement des naissances illégitimes !

Mais quelle est, après tout, cette influence que les prêtres prennent sur le gouvernement? Je vois les ordonnances purement religieuses des évêques pour des associations de charité, dénoncées comme des conspirations, et le grand aumônier du Roi, comme le chef de toutes ces associations, c'est-à-dire, de toutes les conspirations. Je vois un prêtre traduit et condamné en police correctionnelle pour avoir avancé des opinions dogmatiques sur lesquelles l'église n'a pas prononcé et dont la charte permet la libre discussion ; je vois les évêques ne pouvoir pas toujours faire approuver les votes des Conseils généraux pour réparer ou reconstruire des édifices religieux, et les curés en lutte perpétuelle avec les maires pour le renvoi d'un maître d'école scandaleux; je vois le Roi lui-même ne pouvoir mettre à l'abri de la censure la plus violente et la plus injuste le choix d'un évêque pour précepteur de son petit-fils ; et M. de Montlosier ne pénètre-t-il pas dans la conscience du Roi pour l'interroger en quelque sorte sur sa vie chrétienne ou sa vie dévote, et toutes les précautions oratoires où il s'enveloppe ne laissent-elles pas le lecteur incertain de ce qu'il a voulu dire ?

Mais cette distinction de vie chrétienne et de vie dévote sur laquelle à propos du Roi, s'étend M. de Montlosier, n'est pas plus claire, et il est douteux que l'auteur se soit entendu lui-même. Veut-il dire que la dévotion poussée à l'excès détourne un homme de ses devoirs domestiques ou publics ? mais l'excès n'est pas de la dévotion ni même de la religion. Veut-il dire que le simple accomplissement des commandements de l'église qui fait, à proprement parler, la vie dévote, est un obstacle à l'accomplissement des devoirs publics ? Il se trompe encore : ce sont les plaisirs et les affaires domestiques et personnelles qui prennent le temps qui devrait être consacré aux devoirs, et non le jeûne et l'abstinence; et la prière elle-même ne doit rien prendre sur un travail obligé, et qui travaille prie; *qui laborat, orat;* il y a les devoirs généraux de la vie chrétienne ou les commandements de Dieu dont aucune raison ne peut dispenser; il il y a des devoirs particuliers dans la vie dévote, comme l'appelle M. de Montlosier, tracés dans les commandements de l'église dont on peut être dispensé pour des motifs légitimes, et ce sont ces deux sortes de devoirs que l'évangile distingue d'une manière admirable lorsqu'il dit

avec une si juste précision : « Qu'il faut observer
» les uns et ne pas négliger les autres. » Au reste,
M. de Montlosier trouve qu'il n'y a rien de plus
facile que d'être chrétien, c'est être heureusement né : car il y a dans le christianisme des
croyances et des préceptes qui coûtent quelque
chose à la raison particulière et aux sens, et ce
sont précisément les sacrifices qu'il impose aux
violentes passions de l'homme et à sa faible raison, qui lui attachent les ames fortes et les
esprits élevés. Je ne relèverai pas tout ce qu'a-
vance M. de Montlosier sur les mœurs et la morale, tant il y a peu d'exactitude dans ce qu'il
en dit. Il prend pour les habitudes morales ou
les mœurs, des habitudes physiques, comme l'al-
laitement de l'enfant qui est un besoin physique
pour la mère comme pour l'enfant ; il paraît
douter que la religion soit le principe de la morale, et il oublie que la religion chrétienne trouva
la morale toute faite, même le peu qu'il y en avait
chez les païens, par les livres ou les traditions
d'une religion primitive qui a été le fondement
sur laquelle s'est élevée la religion chrétienne.
Je ne peux cependant passer sous silence une
assertion bien étrange dans sa crudité « que les
» prêtres ont fait les athées », parce que quelque
esprit faible qui aura cru que la sainteté avait
été donnée à la personne comme à l'état et au

caractère , aura été trop vivement frappé des désordres de conduite de quelques prêtres. Le chrétien ne s'en scandalise pas , pas même des vices d'un Borgia assis sur la chaire apostolique; il sait que le ministère est saint et légitime , même quand le ministre est scandaleux , et qu'il nous a été dit en parlant des ministres de la religion : « De croire ce qu'ils disent et de ne » pas faire ce qu'ils font. »

En un mot, y avait-il en France, y a-t-il encore malgré nos désordres, de la religion et de bonnes mœurs, de la fidélité dans les mariages, du respect pour les parents, de l'amour du prochain, de la bienveillance mutuelle, de l'affection pour son pays et les princes qui le gouvernent ; y avait-il enfin de toutes ces vertus que la religion inspire et embellit? Si cela est, la religion a fait le bien qu'elle pouvait faire ; et peut-être elle l'a fait toute seule, car tous les gouvernements se sont plus occupés du culte que de la religion. Les prêtres dépositaires et dispensateurs de l'enseignement de la religion , comme de ses bienfaits et de ses mystères , ont donc rempli leurs devoirs, et les fautes , les défauts , les vices même de quelques-uns, exagérés par la haine , ne peuvent être relevés que par le petit esprit qui dans les meilleures choses ne voit que les abus que les hommes y mêlent, et dans les plus mauvaises que les avantages qui peuvent s'y rencontrer.

Tel est l'écrit de M. de Montlosier, appuyé sur des *pièces justificatives*, dont l'une est un arrêt du parlement de Paris, contre les congrégations, que tout le monde connaît; l'autre, une constitution de 1670, des congrégations établies dans les villes par les Jésuites pour l'instruction du peuple, et dont le gouvernement n'avait jamais pris l'alarme; et la troisième, l'explication *ad libitum* de deux tableaux trouvés, dit-on, dans quelque maison de Jésuites, comme si cette compagnie qu'on suppose si habile, avait mis sa conspiration en tableaux, comme une enseigne sur un magasin.

L'ultramontanisme politique qui consisterait à soumettre le pouvoir temporel des rois au pouvoir spirituel du chef de l'église, est une chimère que personne ne croit, que personne ne veut, désavouée par tout le monde et par les papes eux-mêmes. L'ultramontanisme théologique sur l'autorité des conciles, est aujourd'hui surtout, une opinion libre comme toutes les opinions.

Les congrégations, les associations de religion, de charité et de bonnes œuvres, autres chimères comme conspirations politiques, ne sont des conspirations que contre l'impiété, l'esprit de

révolte, les mauvaises mœurs et contre les malheurs et la misère des classes pauvres et souf-
frantes de la société.

Les prêtres sont le ministère nécessaire et sacré
de la religion catholique , et c'est un étrange abus
de mots d'appeler conspiration le zèle qui leur
est commandé pour défendre la religion , la
plus fidèle alliée de la société civile et domestique , contre ses fougueux et implacables ennemis.

La société des Jésuites est l'institution religieuse et politique la plus forte qui ait existé ;
utile autrefois, nécessaire aujourd'hui et la seule
qui puisse lutter avec avantage contre les institutions occultes, si fortes et si répandues, qui mé-
ditent le renversement de toute autorité légitime
pour établir la leur sur les débris des trônes et
des autels. Les Jésuites auraient empêché ou
prévenu les conspirations , parce qu'ils avaient
le secret des événements et des consciences (1) ;

____

(1) On serait capable de supposer dans ce temps de
bienveillance et de justice que les Jésuites, au besoin ,
auraient dévoilé le secret des consciences qu'ils diri-
geaient. Je pense qu'ils se seraient contentés de les éclairer , ou d'avertir l'autorité d'être sur ses gardes.

(Note de l'éditeur.)

ils les auraient empêchées ou prévenues partout, même en Russie d'où l'empereur Alexandre qui avait gardé trois ans dans son cabinet l'ordre de leur expulsion, a regretté trop tard de les avoir bannis.

C'est toujours au nom de la Charte qu'on persécute et, dit-on, pour la défendre contre les ennemis. Si elle périt, ce ne sera que par ses jaloux et hypocrites zélateurs, qui la faussent et la tourmentent pour la conserver, en font un instrument de guerre, et jamais n'en sauront faire un moyen de paix.

M. de Montlosier peut voir où sont aujourd'hui et les conspirations et les conspirateurs qu'il fallait dénoncer. Comment se fait-il que dans cet ouvrage chagrin où il ne ménage rien, ni la chambre *introuvable* de 1815, qu'il accuse de grandes bévues, toute royaliste et religieuse qu'il la croit, ni la composition de la chambre des pairs qu'il trouve *assez singulière*, comment se fait-il qu'il ait prêté l'appui de son talent à des hommes et à des partis qu'il a, dit-il, lui-même combattus quarante ans de sa vie, et qu'il ait ainsi, pour me servir de ses expressions, *rompu sa vie toute entière et l'ait déprise d'avec elle-même.*

POST-SCRIPTUM

DE L'ÉDITEUR.

Quelques mots encore sur les missions ne seront pas en ce moment étrangers au but de cet écrit, et la haine qu'elles inspirent à quelques esprits donnera toujours de l'apropos à ce sujet. Un journal (et ce n'est ni le *Constitutionnel* ni le *Courrier*) a attaqué naguères les missions avec une grande violence. « Les » missions , a-t-il dit, sont destinées à recruter *des* » *bandes de chrétiens,* de Français à part, (*des bandes...!* » comme des *bandes* de brigands , de scélérats , etc.); » ceci explique pourquoi le royaume des fils aînés de l'é- » glise, celui des Etats catholiques où il y a le plus de reli- » gion vraie, réfléchie , sérieuse , est depuis quelques » années traité en pays infidèle ; pourquoi des mis- » sions *sillonnent* le sol français , comme firent les » apôtres chez les Gentils , comme font les *prédica-* » *teurs courageux chez les sauvages....* Ces mission- » naires domestiques ne cherchent ni conversions , ni » *martyres :* ils font, l'ensensoir à la main, des levées » pour une milice invisible, pour une guerre ignorée. » Cette guerre , on n'en connaît ni l'heure ni le but; » mais on sait qu'elle commence par la violation des » lois..... »

Certes, les derniers événements de Rouen ont montré qu'il y avait peut-être plus de courage à aller prêcher l'évangile à trente lieues de Paris, que *chez les sauvages*, et que ces *missionnaires domestiques* pouvaient bien y trouver le *martyre* sans *le chercher*, comme ils y cherchaient des conversions qu'ils y auront sûrement trouvées aussi. Mais nous laisserons le soin de venger les missionnaires et les missions à l'illustre écrivain en qui la religion trouva un si éloquent défenseur dans un temps où elle était opprimée par le gouvernement, mais bien moins persécutée par l'impiété qu'elle ne l'est aujourd'hui. Voici comme s'exprimait, le 3 mai 1819, dans le *Conservateur*, l'auteur du génie du christianisme, et le langage énergique qu'il adressait aux hommes de la révolution et aux vieux persécuteurs du culte catholique :

« Le succès des missionnaires, qui n'étonne pas les
» chrétiens, révolte et humilie nos grands hommes.
» Il est dur, en effet, d'avoir, pendant trente ans,
» bouleversé la France pour déraciner la religion, et
» d'avoir perdu son temps ; il est dur pour les esprits
» forts qui nous ont régénérés de n'avoir pu établir ni
» un gouvernement, ni une institution, ni une doc-
» trine durable, et de voir d'*ignorants* missionnaires
» échappés au martyre, pauvres, nus insultés, ca-
» lomniés, charmer le peuple avec un crucifix et une
» parole de l'Evangile. Ce démenti, donné à la sa-
» gesse du siècle, n'est-il pas intolérable ? Comment
» souffrir des apôtres qui rétablissent les droits de la
» conscience, et qui prêchent la soumission à l'auto-
» rité légitime ?.....

» Il est si courageux aujourd'hui d'attaquer le reste
» de ces prêtres échappés aux pamphlets de Marat et
» aux héros de septembre. Il faut tant d'esprits pour
» rire de ces hommes qui n'ont ni pain ni asile, et
» qui ne demandent que la permission de consoler les
» misérables. Lorsque l'*Esprit* vous saisira, nous secon-
» derons en vous l'inspiration révolutionnaire, en vous
» lisant quelques beaux passages du *Journal des Ja-*
» *cobins*.... Nous ouvrirons le *Moniteur*, et puisqu'il
» vous plaît de parler d'échafauds et de massacres,
» nous compterons.

» Vous prétendez que les missionnaires ont un tarif.
» Mais vous-même n'avez-vous pas eu de tarifs? Les
» *bons* avec lesquels vous payiez chaque assassinat aux
» Carmes et à l'Abbaye n'existent-ils pas encore?
» Vous êtes des esprits positifs; vous aimez les faits :
» voilà un fait.

» Les missionnaires vous déplaisent; leurs solen-
» nités vous importunent. Mais n'avez-vous pas eu
» aussi vos fêtes? Le bourreau marchait à la tête de
» ces pompes de la raison : puis venait un âne cou-
» vert des habits pontificaux; puis on traînait les vases
» sacrés et la sainte hostie; puis on mitraillait les
» citoyens. Il est vrai que les missionnaires n'ont rien à
» présenter de pareil : ils portent aussi la sainte hostie,
» mais elle n'est pas souillée; ils ne prêchent pas la
» haine, mais la charité; ils ne fomentent pas les
» divisions, ils recommandent l'oubli des injures; c'est
» surtout à la *station du pardon* qu'ils s'arrêtent; et
» à la fin de leurs cérémonies, au lieu d'égorger des

» hommes, ils montrent au peuple la victime pacifi-
» que offerte pour le salut des persécuteurs, comme
» pour celui des persécutés.

» Hommes de la révolution, vous feriez mieux de
» vous taire : vous échouerez dans vos projets, et ne
» réussirez qu'à vous rendre odieux. Grâces à votre
» audace, qui n'est surpassée que par votre faiblesse,
» on commence à ouvrir les yeux. C'est aujour-
» d'hui le 3 mai, jour qui a rendu à la France son
» roi et son père. Cette seule date devrait avertir les
» petits impies du moment, que s'ils ne parviennent
» à renverser le trône, c'est en vain qu'ils prétendent
» détruire la religion. Le trône de saint Louis sans la
» religion de saint Louis est une supposition absurde ;
» la légitimité politique amène de force la légitimité
» religieuse. Aussi, voyons - nous que le monarque
» dont la France bénit le retour, étend son sceptre
» protecteur sur les missionnaires comme sur ses au-
» tres sujets. »

M. de Montlosier redoute beaucoup l'influence des
missionnaires et des prêtres.... ! On pourroit demander
si cette influence si redoutable s'est bien manifestée dans
les déplorables scènes de Rouen, et quelle est *l'influence* de ceux que l'on insulte et que l'on menace d'é-
gorger ? Evènemens scandaleux dont la restauration ne
sembloit pas devoir laisser donner le spectacle à l'Europe, et qu'une licence inouie de tout imprimer et de
tout dire devoit finir par amener ! Journées de deuil
où la demeure d'un archevêque a été presque forcée,
où des prêtres ont été avec peine arrachés à la fureur de

quelques hommes égarés, et où le Saint des Saints a été lui-même outragé et, nous voudrions pouvoir le taire, *accueilli par des huées....! * Il n'est pas douteux que la chrétienté toute entière ne fut alarmée de ces scandales, si la Charte n'offroit pas en France des moyens vigoureux de les réprimer....

On veut aller en Grèce protéger la croix, et ce zèle est louable assurément; mais Dieu lui-même est insulté dans nos temples et jusque sur ses autels...! le Dieu des Français ne seroit-il donc pas le Dieu des Grecs, et les barbares traitements des Turcs sont-ils réservés aussi à ceux qui professent la religion du roi de France, ou qui la prêchent à ses sujets....!

A l'égard des Jésuites nous rappellerons les paroles de M. De Lally-Tollendal, citées dans un procès célèbre, et que le noble Pair n'a pas désavouées :

« Nous croyons pouvoir avouer dès ce moment,
» écrivait M. de Lally-Tollendal en 1806, nous
» croyons pouvoir avouer que dans notre opinion, la
» destruction des Jésuites fut une affaire de parti, et
» non de *justice;* que ce fut un *triomphe orgueilleux*
» *et vindicatif de l'autorité judiciaire sur l'autorité*
» *ecclésiastique, nous dirions même sur l'autorité*
» *royale, si nous avions le temps de nous expliquer;*
» que les motifs étaient futiles; que la persécution
» devint barbare; que l'expulsion de plusieurs milliers
» de sujets hors de leurs maisons et de leur patrie,
» pour des métaphores communes à tous les instituts
» monastiques, pour des bouquins ensevelis dans la
» poussière et composés dans un siècle où tous les

» casuistes avaient professé la même doctrine , était
» l'acte le plus *arbitraire et le plus tyrannique qu'on*
» *pût exercer ;* qu'il en résulta généralement le dé-
» sordre qu'entraîne *une grande iniquité ;* et qu'en
» particulier une plaie jusqu'ici incurable , fut faite à
» l'éducation publique , et notamment à *l'éducation*
» *monarchique.*

Quant à l'accusation faite aux Jésuites de professer
des doctrines régicides, accusation si rebattue depuis
les deux régicides de Charles Ier. et de Louis XVI ,
qui ne seront pas, je pense, attribués aux Jésuites, nous
nous contenterons de citer le décret de 1610 d'Aqua-
viva , général de l'ordre :

« Qu'aucun religieux de notre compagnie, dit Aqua-
» viva , soit en public , soit en particulier, lisant ou
» donnant avis et beaucoup plus, mettant quelques œu-
» vres en lumières, n'entreprenne de soutenir qu'il
» soit loisible à qui que ce soit et sous quelconque
» prétexte de tyrannie, de tuer les rois ou princes
» ou d'attenter sur leurs personnes, afin que telle
» doctrine n'ouvre le chemin à la ruine des princes
» et ne trouble la paix ou révoque en doute la sûreté
» de ceux, lesquels selon l'ordonnance de Dieu nous
» devons honorer et respecter comme personnes sa-
» crées établies de Dieu ».

Au reste, M. de Montlosier avoue lui-même dans
son écrit, que l'intention des Jésuites n'a jamais été
de tuer les rois, mais seulement de les dominer. C'est
toujours quelque chose de gagné.

Je finirai par une réflexion qui se présente natu-

rellement à l'esprit. Bien certainement tous les adversaires des Jésuites et des Missions ne veulent pas être
les ennemis de la religion et du trône; mais tous les
ennemis de la religion et des trônes sont les ennemis
naturels des Jésuites et des Missionnaires. Comment
se fait-il donc que beaucoup de royalistes, d'hommes
religieux, et de gens de bien soient si fort prévenus
contre eux? Peut-on se rencontrer ainsi avec ses ennemis dans les mêmes vœux, les mêmes haines et les
mêmes craintes? Cela est-il dans le cœur humain?
et s'il y avait de quoi trembler d'adopter, dans les
affaires privées, un pareil système de conduite, combien plus dans les affaires publiques, et dans ce qui
touche à l'ordre social? L'instinct de la haine n'est-il
pas sûr? se trompe-t-elle dans ce qu'elle croit avoir à
redouter? est-il bien sage enfin de prendre pour guides
les sentiments et les conseils d'un ennemi? et lorsque
les parlements se sont alliés un instant à la philosophie,
pour renverser un des plus solides appuis de la religion,
les parlements immolés quelques années plus tard sur
l'échafaud que cette même philosophie avait dressé,
n'ont-ils pas été un exemple terrible du danger de ces
imprudentes alliances...?

www.ingramcontent.com/pod-product-compliance
Lightning Source LLC
LaVergne TN
LVHW012053030726
842523LV00002B/514